# De visita en el acuario

Kerrigan King

Traducción al español: María Cristina Brusca

LECTURAS DEL BARRIO

Rosen Classroom Books & Materials™

New York

Vamos a viajar en autobús.
¡Vamos a visitar el acuario!

Estamos en el acuario.
Vamos a ver peces y
otros animales.

Un pez pasa nadando.
¡Tiene una cola grande!

Un tiburón pasa nadando.
¡Tiene dientes muy grandes!

Una anguila pasa nadando.
¡Es muy larga!

¡Un delfín juega con una pelota!

Un pulpo pasa nadando.
¡Tiene ocho brazos!

Una tortuga pasa nadando.
¡Tiene un caparazón muy grande!

Vemos un cangrejo.
¡Tiene pinzas rojas!

Una nutria juega en el agua.
Tiene pelaje marrón.

El acuario es divertido, pero es hora de volver a la escuela.